AF227010

# DISCOURS

## PRONONCÉ DÉCADI

X. GERMINAL, AN IV.<sup>me</sup> DE LA

## *RÉPUBLIQUE FRANÇAISE,*

UNE ET INDIVISIBLE,

AU TEMPLE DE LA

# LOI,

PAR LE CITOIEN

## *CHOMPRÉ,*

Substitut - commissaire du directoire - exécutif près le tribunal - criminel du département de la dyle.

<<<<<<<<O>>>>>>>>

A BRUXELLES,

De l'imprimerie de PAUWELS, rue de la Colline.

# DISCOURS

*Prononcé Décadi 10 Germinal, an 4 de la République, au Temple de la Loi, pour la fête de la Jeunesse, par le Citoyen CHOMPRÉ, Substitut-Commissaire du Directoire-exécutif près le Tribunal-Criminel du Département de la DYLE.*

L'ABSENCE du flambeau de la nature, de l'œil vivifiant du monde, nous laissoit dans la torpeur de l'engourdissement.

La terre se balançait silentieusement sur elle-même, dépouillée de ses plus beaux atours.

Elle avait resserré sous sa robe crispée et ses germes féconds, et la joie de ses largesses. Les zéphirs se cachaient, et l'aquilon fougueux et la bise glacée et les autans furieux seuls regnaient dans les airs, et exerçaient leurs tyranniques pouvoirs sur les attraits échappés à la nature bienfaisante.

Le courier de l'éternité, le tems qui franchit rapidement l'espace, a ramené sur sa période notre terre toujours étonnée de la remplir, en fuyant sans cesse le point de son départ et de sa course infinie: c'est ainsi qu'elle fournit au développement annuel de ses créations. L'horizon se colore; le pourpre, l'azur et le rose se nuancent dans l'atmosphère, se reflettent sur les perles du matin aux premiers jets des feux de l'astre d'or. Les voiles de la nuit et des frimats sont tombés, et avec eux se retirent l'hyver, ses satellites et son cortege hideux. Les portes rembrunies du firmament s'ouvrent : l'aurore a quitté sa couche; et embellie par le repos, elle se leve et s'avance accompagnée de sa cour, riche de graces et d'attraits.

Un beau jour se prépare; la nature se reveille, ses soupirs parfument les airs : son sein se dilate, et la jeunesse attentive lui présente la coupe matinale. Tout se meut au même instant: la gaîté, le plaisir, le besoin d'exister préludent les chants d'une nouvelle vie. Les régions reprennent leurs parures et leurs couleurs. L'or, la pourpre, les diamans éclatent de toutes parts. Les antiques forêts agitent mollement leurs chevelures verdoyantes, éparpillent dans les airs les parfums des fleurs et les germes de leur existence. Les plaines, les campagnes se revêtent de leurs robes diaprées: les fleuves, les rivieres roulent leurs flots argentins, et vont rafraîchir les plages diverses, où tranquillement ils déposent les trésors dont ils se sont surchargés. Tous les êtres obéissent à la voix douce du printems qui les appelle. Les troupeaux couvrent les contrées fleuries, bondissent sur les côteaux, bêlent leurs besoins et leurs appétits. Le taureau l'œil en feu, rumine et mûgit ses amours ; le veau, l'agneau, le poulain, sautent, courent, caracolent et dansent autour de leurs meres, foulant les prairies émaillées, ivres d'odeurs suaves et d'alimens pleins de sucs. Flore seme partout ses trésors, l'espoir du laboureur et de sa naïve compagne. Le chant mélodieux des oiseaux, les cris, les voix des animaux forment un concert soutenu , que relevent majestueusement les accens de l'enfance, les élans joyeux de la jeunesse ardente, les bruits des instrumens, soit aratoires, soit des arts , et les sons belliqueux.

Le père de famille n'a pas attendu que la lumière eût acquis toute sa force, pour remplir les devoirs chers à son cœur: sa premiere pensée hors des bras du sommeil l'a porté dans le sein du créateur souverain. Sa chaste épouse répond à ses désirs: environnée de ses enfans, elle a loué l'Etre suprême, et s'est livrée toute entière aux soins du ménage. Là siégent modestement la vertu, l'amour du travail, de l'ordre et de la justice. La conduite soutenue du père et de la mere sont les leçons vivantes d'une jeunesse fougueuse, inconsiderée: c'est une jeune plante forte de séve, qui demande à être soignée , et hâte l'instant, où dans toute sa vigueur, elle produira d'excellens fruits.

Les nombreux enfans du père de famille , élevés dans la fraternité, l'occupation, abhorrent l'oisiveté, les querelles: leurs délassemens d'études ( d'autant plus faciles pour eux, qu'elles ont leur utilité apperçue sur le moment ) sont les exercices qui fortifient le corps, et le pléparent pour supporter les fatigues, auxquelles est exposé, par devoir et par inclination, le défenseur de la Patrie.

Riches des bons exemples des chefs de la famille , savans de la morale filiale et fraternelle, ils se sont apperçus, qu'à peine cessant de balbutier, ils appartiennent à la grande famille nationale, qui veille sur leurs foyers, qui a maintenu les propriecés et les personnes qui leur ont donné l'étre, et qu'elle attend d'eux, qu'ils aident, à leur tour, à remplir la même tâche.

C'est ainsi, jeunes belges, freres intimes des francs et des bataves, que depuis des siècles vous avez succé avec le lait les principes de fraternité et d'union  Vos pères vous ont transmis d'âge en âge les glorieux fruits de votre éducation et de votre attachement à la société. Environnés de forêts immenses, et heureusement reculés dans des contrées abondantes en productions de tous genres, dominateurs naturels des belles rivieres qui les arrosent, des mers qui en baignent les côtes; fécondateurs de vos propres régions, vous aviez attiré sur vous ces hordes de dévastateurs des terres du monde, qui, ne connaissant d'autre mérite que celui de la force et de l'usurpation, peu faits aux travaux paisibles de la culture, et accoutumés à jouir insolemment des fruits usurpés aux malheureux cultivateurs, vinrent en foule vous assaillir.

Les aigles romaines furent mille fois honteusement repoussées par vous.  Lorsque la terre entiere subissait les loix et souffrait des caprices de ces monstres titrés empereurs, seuls vous donniez asile à la liberté, à la fraternité, à la justice.

César, Tacite, ces écrivains privilégiés d'une nation de dominateurs cruels, nous ont conservé les chartes de vos vertus et de votre indomptable courage.

Les Francs vos frères, par un oubli, triste suite de la contagion usurpatrice, plièrent enfin sous les volontés d'un maître. Les Germains furent asservis; et froissés entre deux puissances dévorantes, vous avez toujours conservé des lueurs de courage et de vigueur.

Qui vous soutenait, ô belges nos frères ! c'étaient ces vertus de vos pères dont vous soigniez précieusement l'héritage; c'étaient la frugalité, le travail, et les bonnes mœurs dont vous conserviez le temple parmi vous.

Vous avez enfin succombé, avec tous vos voisins, sous le poid des vices accourus de toutes les parties du globe, et vous en avez gémi longtems.

Dans le silence, se maintenait toujours dans vos cœurs ce souvenir de vos vertus éclipsées ; et des hommes par excellence vous formaient une constitution sociale, qu'ils préparaient comme un refuge aux maux dont vous étiez inondés.

L'avant dernière décade du 18e. siècle a sonné subitement le tocsin du reveil des peuples : vous le fîtes entendre des premiers aux cœurs de vos frères les Francs, qui le propagèrent avec la rapidité de l'éclair. La liberté sortit de son azile dans toute la majesté de son origine : cette fille du ciel parla. Les mers se soulevèrent, les terres s'entrouvrirent, les armes raisonnèrent, les chaînes se brisèrent dans tous les cachots et repaires tyranniques, les bastiles s'écroulèrent, les trônes chancelèrent, et les mers et les fleuves et les terres se chargèrent glorieusement de cette jeunesse innombrable, armée pour la défense et le service de la liberté. Un chant mâle et digne de la déesse, répété par la jeunesse marseillaise, est celui des hommes libres ; et la terre reprend vigueur, le ciel se purifie, et les vapeurs infectes du despotisme sont dissipées, atténuées.

Jeunes belges, vos légions ont été aux avant - postes dans la lutte terrible des frères enfans de la liberté contre les despotes et les tyrans de tous les genres.

Encore une campagne, et vous payez à la grande fa-mille le prix de tant de travaux pour la paix et le bonheur de l'humanité.

Rentrés alors dans vos foyers, et vous jettant dans les bras de vos respectables parens, fixant les regards de ce sexe doué de tous les attraits de la nature dont il est la perfection, vous allez pratiquer avec goût ces vertus qui vous ont été transmises dès les premiers jours de votre existence dans vos heureuses contrées.

Vous y prouverez par vos propos sages et mesurés, par votre respect pour la vieillesse, votre piété filiale et fraternelle, votre amour simple, franc et ardent pour la jeune compagne que vous aurez mérité, et qui ne verra dans vous que l'homme formé pour sa patrie et le bonheur de ses égaux : vous y prouverez, dis je, que le fléau des tyrans et des despotes est le plus grand ami de l'humanité, et l'homme vrai de la nature.

Plus ardens que jamais à remplir vos devoirs, quand la journée du labeur aura été remplie, devenus pères à votre tour, bons maris et bons frères, dès là excel-lens citoyens, vous raconterez ce que vous ayez vu : vous répéterez tous les actes héroïques de vos frères d'armes, surtout les sacrifices généreux faits à la patrie, les privations glorieuses des besoins les plus urgens, afin de contribuer plus rapidement à une bonne œuvre ou au salcut de la patrie. Vous prêcherez par des faits rendus avec vérité, les fruits d'une obéissance entière aux loix, et de la soumission aux supérieurs et aux autorités cons-tituées.

Vous ne vous ferez pas une gloriole déhontée d'avoir

eu quelque rixe avec vos égaux, et d'avoir sacrifié l'existence d'un homme à un faux point d'honneur.

Vous peindrez avec énergie toute la noirceur et la hideuse conduite de ces débauchés, de ces ames viles qui hantaient les lieux de dissolutions, qui livraient au hazard du dez et des cartes lâchement manipulées le prix et la solde du sang le plus précieux; qui ne trouvaient de subsistances que par le pillage, les rapines, les vols, qui affichaient les vices les plus infâmes, et qui voulaient par leurs rodomontades, leurs récits menfongers et les calomnies, fe donner le masque des vraies qualités qui vous sont si naturelles.

Vous concluerez qu'ils ont toujours méprisé la conduite sage de leurs parens, qu'ils se sont livrés à un penchant vicieux, et que les bons exemples leur pesaient.

Vous insisterez à prouver à vos heureux enfans, pleins d'attention à vos sages préceptes et enivrés de l'amour de bien faire, qu'il est souvent nécessaire qu'il existe des ennemis de la société, pour la tenir plus unie, et assurer le triomphe des bonnes mœurs.

Vous leurs direz : ,, mes enfans, il a fallu du cou-
,, rage à vos parens, pour sortir de leur carractère d'hom-
,, mes sensibles et humains; il a fallu l'excès des maux,
,, des outrages, de la dégradation de l'espèce, pour
,, qu'armés d'un fer vengeur, ils repoussasent par la
,, force les violences et les abominations de ces êtres qui,
,, sous la figure sacrée et majestueuse de l'homme,
,, avaient les mœurs des tigres et des monstres sangui-
,, naires. Vos pères ont versé des flots de sang, pour
,, vous conserver le vôtre, et préserver vos races des
,, attentats accumulés de l'engeance royale et sacerdotale.

„ Que vos regards se détournent, et craignent d'être
„ profanés en rencontrant ceux des émigrés, de ces pré-
„ tendus ministres d'un dieu de justice et d'humanité.
„ Une loi sage vous est donnée par lui, et ils l'ont re-
„ jettée, parce qu'ils ne veulent reconnaître pour gui-
„ des, que la passion, la haine, les débauches et les
„ vices, fruits du mensonge et de la superstition. Les
„ pères de famille formés par la nature, par ses leçons,
„ par les bien-faits de l'être suprême, sont les minis-
„ tres du souverain être; ils sont vos seuls prêtres. Vo-
„ tre premiere conquête à la liberté, a été de recouvrer
„ les droits imprescriptibles de l'homme sorti des mains
„ du créateur. Vos pères, mes enfans, unis par le pre-
„ mier triomphe, se sont choisis des sages, qui établis-
„ sent invariablement les tables qui contiennent pour
„ votre instruction, les vrais droits de l'homme et les
„ devoirs du citoyen.

„ Nous ne vous avons pas donné le jour pour notre
„ unique satisfaction, pour vous seuls; nous vous avons
„ mis au monde, comme partie de la grande famille, à
„ laquelle nous nous devons tous également, qui a droit
„ d'exiger tous vos moyens moraux et physiques, comme
„ votre tribut d'union et de sociabilité. "

Peu d'articles à retenir, et gravés dans vos cœurs par
la nature, sont les livres élémentaires de vos premières
connoissances, qui vous destinent à l'excellence de votre
être et à votre rang dans le corps social.

De ces droits de l'homme, de ces devoirs du citoyen,
découle nécessairement la hiérarchie des autorités cons-
tituées, dont chacun de vous a droit de faire partie.
Vous êtes à peine hors de la layette, que vous êtes

citoyen, et que vous devez toutes vos facultés à la patrie mère de la grande famille.

Modelez-vous sur la conduite de vos frères, de vos parens : étudiez vos devoirs dans le code constitutionnel, pratiquez-les, et la patrie dans ses enfans vous appelle à la protéger, à la défendre, à l'honorer.

La patrie qui a consacré une somme importante pour le prix du sang et des efforts surnaturels des défenseurs de la liberté, n'a que des honneurs et des récompenses dignes de vous à vous offrir.

Elle rejette toute peine à prononcer contre ceux d'entre vous qui n'auraient pu satisfaire également au désir de la servir, de lui plaire et de lui rendre amour pour amour.

Elle est jalouse d'exciter votre émulation. Elle vous met en haleine pour seconder vos tentatives. Elle couvre de lauriers républicains et de ces sentimens innés dans vous de la satisfaction à remplir vos devoirs, la carrière qu'elle vous engage à fournir.

La chasteté, la décence, l'obéissance à vos supérieurs, le respect filial et paternel accompagnent vos pas, veillent sur vous, et le vice fuit et se cache dans les antres obscures dont il n'eut jamais dû sortir.

Fière de votre éducation, de ses soins maternels, un danger la menace. Les rois, le fanatisme coalisés réunissent leurs derniers efforts, semblent armer les élémens; se font précéder de la dévastation, de la misère, des forfaits, de la soif du sang, des crimes nombreux de l'or corrupteur, et traînent à grand bruit derrière eux les fers, les tortures, les échaffauds, les bastilles, dont ils menacent en vain la liberté, qui rit de leurs propos extravagans.

La patrie, jeunes belges, vous fait un signe de tendresse : elle vous appelle auprès d'elle. Votre contenance est ferme, votre regard serein, mais terrible pour ces monstres coalisés. Leurs innombrables bouches d'airain ont beau tonner, vomir le désespoir et la mort, leurs cris discordans frapper durement les airs ; vos nombreux bataillons s'ébranlent, le drapeau tricolore se déploye, la liberté, la vertu sonnent la charge, et tout est évanouî.

Que sont - ils devenus ces géans de terreur ? ils ont été balayés comme la paille est enlevée et disssipée par l'aquilon impétueux. Le calme règne autour de vous.

L'homme votre frère, le laboureur reprend tranquillement sa charrue, retourne à ses sillons, surpris lui-même de la vanité des projets de tous ces monstres écrasés au premier choc.

Jeunesse intrépide, vigoureuse et éprouvée, vous mettez bas les armes après cette victoire aisée pour vous et par votre éducation. Vous revenez avec des blessures glorieuses, titres et gages de votre dévouement. Vos pénates vous attendent, et les peuples célèbrent vos modestes triomphes.

Vous vous armez de branches d'olivier, et telle que l'abeille que l'approche des frélons avoit troublé dans ses travaux, et écarté de sa ruche, vous reprenez votre activité ; et laissant là la trompette guerrière et l'épée ven-

gercsse de vos droits et les foudres de la liberté victo-
rieuse , vous vous livrez avec ardeur aux arts utiles ,
soutiens de l'aisance et de la splendeur de votre patrie,
à laquelle vous avez rendu le bonheur et la paix.

Dans le silence du recueillement sur vos hauts faits ,
et pleins de reconnaissance pour la patrie votre mère, vous
préparez la gloire des arts et du commerce , vous acti-
vez l'industrie , et vous contribuez par vos travaux, moins
périlleux , à la splendeur de la république.

Mais quel tribut d'éloges, ô belges! ô jeunes et va-
leureux républicains ! lorsqu'environnés de perfidies, de
trames criminelles , de complots homicides, superstitieux,
et gros des horreurs de la mort, vos ames toutes à la
raison et à l'amour de la liberté, sont sourdes aux ap-
pareils de la terreur, de la destruction et d'une guerre
cruelle ! vous avez su tourner vos études à l'utilité de
votre mere commune ; vous avez gôuté, conçu les for-
mes simples et majestueuses de l'architecture; les con-
tours nerveux et robustes de la figure, image de l'homme; les justes oppositions du clair et de l'obscur : nouveaux vitruves, nouveaux phidias, nouveaux appelles,
nouveaux rubens, vous projettez de donner un nouveau
lustre aux arts dont vous avez donné longtems de leçons à vos freres, libres comme vous ; exercez-vous alors
à rendre et à moduler les sons mélodieux et harmoni-
ques des hymnes consacrées à l'être suprême, à sa gloire , à celle de la patrie, et aux fêtes de la victoire et de
l'amour.

Le temple de mémoire vous a préparé vos places à
cette nouvelle vie que vous vous destinez par vos talens. La patrie vous en félicite en bonne et tendre mere.

Les pères qu'elle vous a donnés, pour guider et encourager vos succès, vous remettent le prix que vous avez gagné, et vous ornez ainsi la fête de la jeunesse. Les arts de la mélodie applaudissent à ces honneurs, et c'est le gage que vous recevez, comme votre engagement à persévérer et à perfectionner vos essais.

La vieillesse sage et réfléchie, oublie les glaces de l'hyver; elle retrouve en vous les doux fruits de son automne, et elle sourit à vos succès.

Jeunes Guerriers, vos exploits ne passeront pas avec la génération : le marbre, la pierre dure, l'airain, l'acier, le diamant, les couleurs fixées les transmettront à nos derniers neveux. Dans l'avenir le plus reculé, on verra sculpté, gravé, peint, la modestie de ce guerrier couvert de blessures pour la défense de sa patrie, qui n'en demandait, n'en prétendait aucune récompense : il était satisfait d'avoir payé sa dette à cette mere commune. L'autorité constituée l'appella dans sa retraite obscure, et lui donna ce prix, dont il était d'autant plus digne, qu'il le demandait moins.

Tels sont les pères que vous a choisis la patrie, jeunes gens dignes de nos soins. La constitution, la loi, les ont élevés au dessus de vous, pour aider aux peines de vos parens. Des maisons d'instruction vous sont désignées ; des écoles primaires, des écoles normales et centrales. Vous y apprendrez à devenir bons fils, bons freres, bons maris, bons pères, bons citoyens surtout; à vous rendre dignes des postes marqués aux fonctionnaires publics, à tenir votre place parmi les sages législateurs, qui, brûlans de patriotisme, vous ont donné une constitution et vous ont rendus véritablement hommes, malgré la rage des tyrans et le fanatisme sacerdotal. Vous serez à votre tour des administrateurs prudens, circonspects, intelligens, éclairés, et les pères de vos administrés. Vous serez des magistrats instruits, justes, sans haine, sans partialité; occupés uniquement de la chose publique, vous oubliant vous-mêmes pour remplir les fonctions les plus importantes, et distribuer la justice à tout individu de la famille, dont le plus foible est le plus cher à la patrie.

Vous deviendrez enfin par l'exercice de l'obéissance et de l'attachement à vos devoirs, dignes de commander à vos égaux, si la guerre est utile à la patrie, si elle est entreprise pour la venger et soutenir ses droits. Vous serez à votre tour à la tête de vos freres de toutes les armes, soit de terre, soit de mer. Pliés à la soumission, aux loix, aux vues de la patrie, vous deviendrez habiles à toutes les sciences, à tous les arts, vous rivaliserez les Pythéas, les Archimedes, les Leibnitz, les Neuwton, et vous serez enfin les lumières de vos égaux, et les flambeaux des hommes libres.

Souvenez vous, ô jeunes gens, que vous êtes nés frères, que l'égalité est entre un homme et un homme; que vous êtes paitris de même argile, sortis du néant, doués de raison et privilégiés d'une ame qui vous assimile à l'intelligence suprême. Les vertus seules et les connaissances vous donneront ces distinctions temporaires, qui n'appartiennent qu'au vrai mérite et aux talens.

Vos expressions discrètes et décentes, n'offenseront jamais les oreilles pudiques de l'enfance, ou de l'innocente beauté qui doit être la compagne de vos vertus. Vous rougirez vous - mêmes de ces expressions déhontés qui avilissent l'homme , en outrageant les ames honnêtes. Enfans de parens chastes , et qui , chaque jour , vous parlent par leur conduite exemplaire , l'ombre du vice souillerait et vos pensées et vos actions. Telles sont les qualités du vrai républicain, celles que vous brûlez d'acquérir.

Pénétrés de la grandeur et de la majesté de votre être , comme hommes libres , vous vous rapprocherez de l'Etre Suprême , par vos devoirs envers vos parens, vos sentimens sociaux , charitables : vous partagerez , non pas votre superflu avec votre frère indigent , mais même votre nécessaire : vous deviendrez l'appui, les défenseurs de l'opprimé ; vous irez au devant des besoins du malheureux ; vous vous occuperez de vos frères , autant que de vous-mêmes , et vous vous plaindrez encore, en gémissant , sur le soir , si vous n'avez pu marquer votre journée par un bienfait.

L'enfance timide est autour de vous, elle vous tend sans cesse les bras, et ne peut vous quitter. C'est de vous seuls qu'elle attend l'assurance , sa gaîté , ses plaisirs et sa confiante tranquillité. Ah ! vous ne tromperez pas son espoir. Les veillards, instruits par l'expérience, mûris par l'âge, les secousses et les convulsions d'un nouveau gouvernement qu'ils ont fondé pour votre bonheur, tiennent les yeux fixés sur vous. Ils sont vos pères, ils comptent sur votre vigueur, sur la bonté de votre éducation, sur votre amour pour le bien, sur les leçons dont ils vous ont tracé l'exemple avec le précepte. Ils vous demandent avec justice de clore leurs

paupieres , et de leur procurer cette entière liberté , dont
ils vous ont acquis la joüissance. Ils vous apprennent que
mourir libre est le dernier vœu du républicain.

Vos cœurs sont en entier à la patrie . cette excellente
mere , qui fait tout pour vous. Vous avez juré de la
servir et de lui être entièrement dévoués : vous avez
juré également haine éternelle à la royauté. Vous main-
tiendrez ce serment solemnel , qui fait le désespoir des
thrônes et du fanatisme. Vertueux par essence, votre
présence seule précipite dans la tombe les tyrans et les
pontifes imposteurs.

Déja les voûtes éthérées et celles du temple de la loi
retentissent des chants patriotiques et guerriers. Les
trompettes sonnent : les clairons appellent à la victoire ;
les tambours roulent la marche belliqueuse : *au pas de
charge* , jeunesse, espoir de la patrie; parcourez victo-
rieuse les champs de l'honneur et des vertus. Que les
méchans, les émigrés, la superstition, les tirans de la
terre attérés, annéantis , vous entendent répèter à l'unis-
son, ce cris foudroyant pour eux seuls, *vive la République : vivent les enfans de la liberté.*

**E. CHOMPRÉ,**

*Subsitut - Commissaire du Pouvoir - exé-
cutif près le Tribunal - Criminel du
Département de la Dyle.*